줄무늬 바지를 입은 하느님

유금옥 시집

추천사

이상국 (시인)

　유금옥 시인의 시편들은 혼기를 앞둔 누이처럼 우리를 설레게도 하지만 때로는 거침없는 행보와 그 담대함이 대관령 같다. 그는 "그리움을 치우지 않고" "山만 한 그대를/ 몇 삽 밀쳐놓"고 바라보기도 한다. 이 몇 삽의 무덤덤이야 말로 아무나 도달하기 어려운 지점인 것이다.
　시는 대체적으로 사물에 대한 이해와 의미 부여이자 저 자신에게 베푸는 관용이다. "해 질 무렵 산자락을 끌고 마을로" 돌아오듯 시적 사유를 통과한 언어의 행보가 여간 돋보이지 않는다. 거기에 삶의 굴곡과 사물의 내면을 짚어내는 독특한 감각이 살아 있다.

심재상 (시인·가톨릭관동대 교수)

  정녕 시는 자유의 나라, 그 나라의 진짜 주인은 말, 자유 그 자체가 된 말이다.
  이 시집이 그렇다. 오랜 세월 시를 품은 채 안으로만 말을 궁굴리며 살아온 사람, 지금도 반도의 동쪽 끝, 북적대는 삶의 변방에서 "종일/ 말을 한마디도 하지 않는 일"이 본업처럼 된 사람의 사뭇 고즈넉하고 적적한 일상이 은근하게 따뜻하게 부화시켜낸 말들. 때로는 수줍게, 때로는 암팡지게 쏟아져 나오는 병아리같이 앳되고 백지처럼 오래된 말들. "맨 처음 떨어지는 빗낱 몇 알"처럼 은근하다가도 "허공에 닿았다가/ 떨어지면서 운동장을 뒤집는" 공처럼 당차고 거침없어지는 말들. 난데없이 돌발적이고 대책 없이 도발적인 말들…. 그렇다. 이 시집은 하루가 다르게 소슬해지는 겨울 입구에 "따뜻한 햇살도시락을" 싸들고 "허공으로 소풍" 나온 유금옥 시인의 첫 번째 자유의 나라다.

시인의 말

나는
다만 쓸 뿐이다

한 손으로
때로는 두 손으로
어떨 땐 온몸으로

다만
쓸 뿐이다

쓰는 행위가
쓰는 행위를 썼을 뿐이다

나는
모자를 읽기 위해
모자를 쓰지 않는다

바람 부는 가을날

모자 하나 흘리며
저쪽으로 걸어간다

차 례

● 추천사

● 시인의 말

제1부

춘설 ─── 12
줄무늬 바지를 입은 하느님 ─── 14
나무와 나의 공통점 ─── 16
구름의 행로 ─── 18
시멘트 씨의 주민등록증 ─── 20
반달곰 ─── 22
봄 ─── 24
살구나무 ─── 26
폭설 ─── 28
피아노 ─── 30
거울 ─── 31
접시 ─── 32
저녁 ─── 34
밥 ─── 36
꽃밭 ─── 37

제2부

가게 세줍니다 ——— 40

냉이꽃 ——— 42

공 ——— 43

진눈깨비 ——— 44

진달래꽃 ——— 45

배꽃 ——— 46

봄 2 ——— 48

살구나무 2 ——— 49

벌레 ——— 50

감자밥 ——— 52

찔레꽃 ——— 54

옥수수밭 가의 집 ——— 55

왕산 보건소 ——— 56

봄날 ——— 58

산책 ——— 59

제3부

눈 —— 62

겨울 —— 64

진달래꽃 2 —— 65

봄바람에는 조그만 페달이 달려 있다 —— 66

무궁화 꽃이 피었습니다 —— 68

연꽃 —— 70

집 —— 72

집 2 —— 74

곶감 —— 76

씀바귀꽃 —— 78

비 —— 79

개불알꽃 —— 80

식단표 —— 82

옥수수밭 —— 84

적막 —— 86

들국화 —— 88

제4부

별 ──── 90

무료 탈의실 ──── 91

인어 ──── 92

갈매기들의 단골집 ──── 94

그게 바다입니까? ──── 96

해변 길 ──── 98

갈매기들 ──── 99

카페라테 ──── 100

소금공장 ──── 101

해변에서의 식사 ──── 102

주문진 ──── 104

해당화 ──── 105

성냥 ──── 106

피카소 ──── 108

▨ 유금옥의 시세계 | 이홍섭 ──── 112

제1부

춘설

이 고장에서는 눈을 치우지 않습니다
이 고장에서는 봄도 치우지 않습니다
지난가을 요양 온 나는
그리움을 치우지 않고 그냥 삽니다

대관령 산비탈 작은 오두막
여기서 내려다보면, 눈 내린 마을이
하얀 도화지 한 장 같습니다
낡은 함석집들의 테두리와 우체국 마당의 자전거가
스케치 연필로 그려져 있습니다

아직 채색되지 않은 3월, 겨울이 긴 이 고장에는
폭설이 자주 내리지만 치우지 않고 그냥 삽니다

여름도 가을도 치운 적이 없습니다 이곳 사람들은
도시처럼 눈을 불도저로 밀어내지 않습니다
다만, 구멍가게와 우체국 가는 길을
몇 삽 밀쳐놓았을 뿐입니다 나도 山만 한 그대를

몇 삽 밀쳐놓았을 뿐입니다

줄무늬 바지를 입은 하느님

비는 줄무늬다

줄무늬는 삼각형도 아니고 사각형도 아니다 줄무늬는 모서리를 만들지 않는다 그러므로 줄무늬는 영원히 완성되지 않는다 이따금 줄무늬도 눕기는 하지만 그것은 시냇물도 아니고 강물도 아니고 방은 더더욱 아니다

줄무늬는 도착 지점이 없다 줄무늬는 도처에 흐르고 있다 높다란 층층이 책꽂이에서도 줄무늬가 줄줄 내려오고 있다 지금 나를 바라보는 줄무늬의 눈은 왠지 슬퍼 보인다 책의 말에 의하면 옛날에는 사람들도 가느다란 줄무늬였다고 한다 딱딱한 머리통이 생기기 이전의 신생대 사람들은 꿈틀거리며 먹는 일과 사랑하는 일만 하였다 머리통은 줄무늬의 어설픈 매듭이다

사람들은 미장원이나 이발소에 가서 주기적으로 매듭을 치장한다 칼을 든 미용사에게 머리채를 잡힌 채로 이 의자에서 저 의자로 끌려다닌다 미장원을 빠져나가려면 공손히

절을 하고 상당한 돈을 줘야 한다 이것은 미용사들이 머리에서 새로운 줄무늬가 나오게 하거나 멈추게 하는 능력을 타고났기 때문이다 그런 걸 보면 하느님도 별생각 없이 사는 것 같다

  오늘은 종일 하늘에서 무료 줄무늬가 내려온다 저 물렁한 하느님도, 아름다운 연꽃을 만나면 쉬어 가거나 연못 둘레를 게으르게 어슬렁거릴 수는 있으나

  흐르는 일밖에 다른 일은 모른다

나무와 나의 공통점

우두커니 서서 새소리 듣는 일, 종일
말을 한마디도 하지 않는 일

마른 혓바닥을 조금씩 부숴 새의 먹이로 주는 일
만나기 훨씬 이전인 듯 사랑했던 사람의 이름을 잊는 일

반달의 모서리에 맞아 머리를 다치는 일

다친 머리에 새집을 짓는 일
치매에 걸려서 내가 누구지? 거울을 보는 일

거울 속으로 들어가서 저울을 들고나오는 일

그래도 새알이 깨질지 모르니 한 발짝도 움직이지 않는 일

심심하면 햇살을 주물럭거려 꽃송이를 빚는 일

지나가는 봄바람이 기웃거리면

꽃을, 몽땅 거저 줘 버리는 일

꽃피우기 훨씬 이전인 듯
가랑잎이 들어 있는 신발을 신고 서서

별을 바라보다가, 서서 잠드는 일

별이 꽁꽁 얼어 눈이 흩날리면
새하얀 종이 한 장 되는 일

새소리만 종이배에 태우고 조용히 사라지고 싶은 일

구름의 행로

구름 속을 거닐 땐
구름의 행로를 방해하지 않도록 조용히 걸어갈 것

내가 구름의 이정표라면 나는 이정표의 모습이 무엇인지 모르는 채
나는 태어난 것이다

내가 하나의 표시라면 나는 하나의 방향이어야 한다
나는 새를 열고 나간다

지금까지 나는
나뭇가지의 생각 속에 들어 있었던 것

사과는 나무가 걸어간 발자국이다

사과나무의 발자국이 허공을 붉게 딛으며 간다

나는 구름의 생각을 풀어보려 발을 파닥거리지만

동시에 그의 표정을 진행하고 있다

나는 다른 발자국을 찍는다
새, 돌, 모래, 안개꽃, 구름 속을 거닐 땐
구름의 행로를 방해하지 않도록 조용히 걸어갈 것

지상의 모든 발자국에는 門이 달려 있다

나는 달팽이를 열고 나간다

시멘트 씨의 주민등록증

그의 이름은 시멘트다
일생 산동네 골목길에 엎디어
고단한 발바닥들을 위로하며 살았다

판판하던 그의 얼굴도
햇살에 그을고
빗물이 스미고

틈이 생기더니
담배꽁초를 물고 멍하니
사람처럼 멍하니
한밤중에 달을 쳐다보기도 해서

뭐 이런 시멘트 새끼가 있냐며
지나가는 사람들이
가래침을 뱉기도 했다

오늘 아침엔

그 늙은 시멘트 바닥이
부로꾸 담 쪽으로 고꾸라지는 걸 보았는데

틈을 비집고 나온
어린 민들레를 꼭 껴안은 채
오토바이 바퀴를 피하려다 넘어졌는데

깨진 무릎에서 제비꽃이 철철 흘렀다

반달곰

산비탈 밭에 호미로 흙을 파고 감자를 심었다

개울가에 앉아 양푼에 싸 온 보리밥을 먹었다

진달래꽃을 뜯어 넣고 산들바람에 비벼 먹었다

수저를 가지고 오지 않아

산수유 나뭇가지로 젓가락을 만들어 먹었다

젓가락 끝에 앉아 종달새가 지저귀는 봄날

네 발로 엎드려 흐르는 개울물을 마셨다

머리보다 엉덩이가 한 뼘 높은 자세로

산비탈 밭에 호미로 흙을 파고 감자를 심었다

해 질 무렵 산자락을 끌고 마을로 내려오다, 허리를 펴고

목덜미를 만져보니 하얀 구름이 묻어 있다

봄

성냥개비처럼 마른 오빠가
손바닥에 동백꽃을 한 움큼 토해 놓고 죽었다
봄이었다

꽃들이 마구 전염되고 있었다 마을 사람들이 날려 다니며 뒤섞이며 웅성거리며 도망치는 봄이었다 하얀 마스크를 쓴 구름이 소독차를 몰고 지나다니는 골목, 둘째야! 양지상점에 가서 외상으로 담배 한 갑 사오너라 아버지가 개나리 진달래 피우는 봄

외상 장부같이 귀퉁이가 너덜너덜한 골목 우리 집은 나뭇가지 끝에 매달려 있었다 꽃잎들 기침 소리가 들리고 꽃술이 붉은 꽃잎에선 비린내가 났지만 어린나무들은 마스크를 하지 않았다 그다음 해 봄에도

키 작은 동백나무 등 굽은 살구나무, 복숭아나무들이 차례로 전염되었고 자주 흰 구름이 들려 종달새를 풀어놓던, 종달새가 물어 온 양지쪽이 그늘을 전염시키던, 환하게 오

뼈가 사그라지던

봄, 성냥곽 같은 창문을 그으며 지나가고 있다

성냥개비는 가늘지만 뜨거웠고
동백꽃이 지나간 자리에선
한동안 화약 냄새가 났다

살구나무

노암동사무소 입구에

'바르게 살자!'라고 쓰인 바위 옆에

나무 한 그루 서 있다

허리는 구부정하고

한쪽 팔은 부러졌다

다른 한쪽 팔은 비비 비틀렸고

다리는 작달막하고

무릎은 툭 튀어나왔다

술 냄새나는 나무다

화투판을 뒤집어엎는 나무다

태풍에는 비굴하게 굽실거리는 나무다

누런 이빨 같은 살구가 듬성듬성 달리는 나무다

나를 보면 반가워 나무 밖으로 걸어 나오는 나무다

누가, 아는 나무냐고 물으면

모르는 나무라고 말하는 나무다

폭설

독감에 걸렸다

하얀 눈이 허리까지 쌓인 길을 걸어
병원으로 간다

목도리 두르고
등산화 신고 콜록거리며 간다

늘, 겨울 산행 같았던 내 삶

하얀 마스크로 얼굴의 절반을 지우고
발자국도 지우며 간다

가다가 뒤돌아서서
발자국 하나 없는
별의 등성이를 바라보곤 하였다

눈 내리는 날이 열흘도 넘었지만

겨울은 녹을 기색이 없고
의사는 큰 병원으로 가보라고 한다

눈부시게 하얀 지구에
홀로 착륙한 우주인처럼 외로워

나는 낯선 사내에게
살려달라고 사정했다

어떻게든 봄으로 귀환해서
사람들 환호도 받고
티브이에도 나오고 싶었기 때문이다

피아노

 소 파는 날은 쇼팽이 찾아온다. 방 안으로 들어가 피아노를 걸어 잠근다. 머리칼이 하얀 소 장수가 방에 고삐를 맨다. 트럭 운전석 쪽으로 잡아당기고 방의 엉덩이를 밀다가 방의 사타구니를 비비는, 소 파는 날은 방 앞의 찔레꽃이 하얗게 비어서 비 맞는다. 소 파는 날은 외양간도 어둑하게 비어서 비 맞는다.

거울

  두 사람이다. 칫솔 두 개다. 비누 두 개다. 수건 두 개다. 변기 두 개다. 두 개다. 두 개다. 두개골이 양치하며 말하네. 벽도 두 개. 낭떠러지도 두 개. 수도꼭지도 두 개. 낭떠러지에 수도꼭지가 달린 이 아침도 두 개. 저 저녁도 두 개. 두 개. 두 개. 개구리 우는 산골짜기 작은 집에서 거울이 양치하며 말하네.

  저 거울은 내가 사온 거야!
  외로워 죽을 것 같아 내가 사온 거야!
  읍내 생활마트에서 구천구백 원 주고 사온 거야!
  거울이 나보고 거스름돈을 달라고 하네.

접시

새 한 마리가
공중에서 접시돌리기를 합니다
새의 손목이 천천히 공중이 됩니다

손목도 없는 공중이 빗방울을 돌리고
햇살을 돌리고 사과를 돌려 깎습니다

터널을 돌려 깎을 때
달콤한 당신을 태운 기차가 꼬불꼬불 굴러떨어집니다
새는 터미널 속에서 빙빙 돌고

나는 사과나무 속에서 빙빙 돌며
사라지지 않는 접시를 던져버리고 싶습니다 고깔모자를
쓴 피에로는

오른손에 채찍, 왼손에 사과, 접시 위에 코끼리

사과나무가 앞발을 모으고

코를 높이 쳐들고 빙글빙글 돕니다 빗방울 속으로
햇살 속으로, 가끔 새는
하늘 속으로 높이 던져 올려졌다가 떨어집니다

접시 위에 낭떠러지 하나가 놓입니다

접시 위의 사과가 달콤한 것은
사과나무가 사과 속으로 천천히
이동되었기 때문입니다

저녁

밀짚모자를 쓴 사람과
장화를 신은 사람과
호미를 든 사람이 서 있습니다

밀짚모자를 벗는 사람과
장화를 벗어 흙을 터는 사람과
호미로 땅에 낙서하는 사람이 앉아 있습니다

먼 곳을 바라보며 담배를 피우는 사람과
먼 곳을 바라보며 통화를 하는 사람과
먼 곳을 바라보며 새소리를 듣는 사람이

인력시장이라고 쓰인
승합차 한 대가 도착하자
밀짚모자를 쓴 사람과

장화를 신은 사람과
호미를 든 사람이

뉘엿뉘엿 기러기가 되어 날아갑니다

밥

아버지가 막노동 나가실 때마다
검정 작업복 입은 겨울 새벽이 마당에 서 있었다

깡깡 언 밥풀 몇 알이
샛별처럼 반짝거리고 있었다 어쩌자고

보름달만 한 빈 사발이
함석지붕 꼭대기까지 기어 올라가 있었다

봄이 와도 국숫발 같은
전깃줄이 우리 집의 멱살을 쥐고 놓아주지 않았다

꽃밭

잡초와 꽃들이 뒤엉켜 있어요
벌과 나비는 햇볕에 취했고
나팔꽃 줄기는 비틀거렸죠 내 가랑이 사이로
뱀이 어슬렁거리고요 분꽃
백일홍이 빠알간 입술을 꺼내 들고
뱀을 따라다녔어요

제2부

가게 세줍니다

   나뭇가지에 빈 가게 하나 있었어요 참새 두 마리가 날아와 화원을 차렸죠 '햇살 꽃방' 정말 그날부터 햇빛들이 자전거 페달을 쌩쌩 밟았다니까요

   가게에 봄이 한창일 때는 산들바람도 아르바이트했죠 사랑에 빠진 벌 나비가 주 고객이었는데요 창업에 성공한 사례였어요

   참새들은 날개 달린 유니폼을 입고 있었고요 가위로 꽃대를 자르다 서로 눈이 부딪치면 재재거리며 웃었어요 앗! 그때 여름이 오토바이를 타고 지나갔어요

   가을이 이삿짐 트럭을 타고 지나간 다음날 나는 보았죠 양은냄비 브래지어 구두 숟가락들이 낙엽이 되다니 아스팔트 바닥에 나뒹굴다니

   비 내리던 가을밤 무슨 일이 있었나요? 꽃방은 다시 문을 닫았어요 가랑잎 한 장만한 쪽지를 붙여 놓았지만 겨울 내

내 가게는 나가질 않았어요 '가게 세줍니다 연락처 : 살구나무'

냉이꽃

마당가에 냉이꽃이 피었습니다
냉이꽃 저만치 조그만 돌멩이가 있습니다

돌멩이는 담장 그늘이 외로워서
냉이꽃 곁으로 조금씩 조금씩 굴러오는 중입니다

종달새도 텅 빈 하늘이 외로워서
자꾸 땅으로 내려오는데

그것도 모르는 냉이꽃이
냉이꽃이 종달새를 던지는 봄날입니다

공

운동장에서 공놀이한다
내가 공을 던지면 공도 나를 던진다
공이 나를 차면 나도 공을 찬다
운동장이 가득한 운동장에서
공놀이한다 땀을 뻘뻘 흘리며
내가 웃통을 벗어 던지면
공도 웃통을 벗어 던진다 갈비뼈가 앙상한

공

내가 공을 벗어 던지니
공도 나를 벗어 높이 던진다
하얀 티셔츠가 날아간다
셔츠, 셔츠, 셔츠, 지저귀며
운동장이 공을 높이 차올리는 저녁
공이 허공에 닿았다가
떨어지면서 운동장을 뒤집는다

진눈깨비

진눈깨비가 이메일로
환하게 웃는 내 사진을 보내왔습니다
언제, 이상국 시인이 강릉에 왔을 때
찻잔이 놓인 책상에 턱을 괴고 앉아
하염없이 웃는 얼굴입니다
밥벌이 근심 걱정 하나 없이
평생 詩나 쓰고 사는 맑은 표정이라고
잘 지내시죠? 하며 보내왔습니다
그 말끝에
답장을 쓰려니 민망해졌습니다

오늘은…
눈을 째리고 삿대질까지 하며
직장에서 어느 놈과
대판 싸운 날입니다

진달래꽃

봄이 오면
분홍 우편함 하나 걸어 두겠어요

가느란 나뭇가지에
분홍 우편함 하나 걸어 두겠어요

우편배달부 달팽이가 찾아오시게
봄이 오면

진달래꽃만 한 봄이 오면
분홍 우편함 하나 걸어 두겠어요

배꽃

이 봄을 몇 번 맞이하고
저 봄으로 갈까 세어보다가
웃었다 배꽃처럼

나뭇가지에 매달려
하얗게 웃었다

배나무 아래 돌멩이도
배꽃만 한 입을 벌리고
웃었다 아픈 이 세상도 참 좋았다고

배꽃하고 나하고 돌멩이하고
셋이 웃었다 햇살 좋은 봄날

어느 상처 많은 이가
배나무 아래서 쉬어 갈 때
돌멩이나 만질 때

위로가 되라며

따뜻해진 돌멩이가
웃었다 햇살 좋은 봄날

햇살 좋은 봄날을 만지다가
배꽃하고 나하고 돌멩이하고
셋이 웃었다

봄 2

골목길이 바람에 흔들렸어요
달걀 실은 손수레와 내가 부딪혔어요
개나리꽃들이 마구 태어났어요

어린 개나리꽃들이 키 큰 가로등을
죽였어요 햇빛이 몰려들어
가로등을 들것에 실어 갔어요 경찰 모자를 쓴 새들이

호루라기를 불었죠 도대체 이 소동의 원인이 뭐죠?
미니슈퍼가 큰 엉덩이를 흔들었기 때문에
또 다른 달걀 장수와 내가
부딪혔어요 노란 나비들이

마구 태어났어요 햇빛들이
경광등을 켜고 달려오는 골목길이에요

살구나무 2

 나는 시계예요 그렇지만 건전지를 끼우지는 않죠 태엽도 감지 않아요 나는 햇살과 바람을 먹으며 허공을 방황하죠 나의 나뭇가지들이

 어두운 길로 잘못 접어든 적도 있었죠 정말, 불량한 어둠이었죠 그러나 한 번도 걸음을 멈춘 적은 없어요 내 절친한 친구 달과 톱니바퀴별들이 몰려와 말해 주었죠 이슬사탕을 주며 속삭였죠 '괜찮아! 너는 지금도 아름다운 시계야!'

 지난겨울엔 비바람이 그런 나의 시침을 분질러 놨는데요 그래도 한 방향으로 순순히 가지는 않을 거예요 오늘은 새하얀 구름 모자를 썼고요 따뜻한 햇살 도시락을 쌌죠 허공으로 소풍 갈 거예요 나는 살아 있으니까요, 보세요!

 분침 끝에 꽃이 피어 있잖아요 초침 끝에 새가 피어 있다가 훨훨 사라지잖아요, 나는

벌레

벌레를 보면 여행하고 싶습니다

어떻게 저런 벌레의 모습으로

사랑을 하고 이별을 했을까?

저 별을 지나 이 별까지 왔을까?

아주 먼~ 우주 사람들은

햇살을 타고 지구로 출퇴근하는지 모릅니다

풀잎, 꽃, 시냇물, 개구리의 노동을 하는지 모릅니다

일당으로 이슬 몇 방울씩 받는지 모릅니다

노동을 끝내고 집으로 돌아가는 밤길

반딧불이의 주머니가 반짝거립니다

살다가, 살다가

개똥벌레, 풀벌레, 반딧불이로 살다 돌아가신 아버지

당신이 우주로 돌아가는 밤길이 반짝거립니다

감자밥

산골짜기가
서울에 다녀왔습니다

먹어보지 못했던
호텔 뷔페도 먹고

모르는 사람들과 친한 척
웃으며 떠들다 돌아왔습니다

몸이
어리둥절했는지

머리가 아프고
낯선 사람들이 소화되지 않았습니다

집에 돌아오자마자 거북이랑 학이랑
양은 밥상 펼쳐놓고

시래기 된장국에
감자밥 말아 먹습니다

배도 고프지 않으면서
한약처럼 한 사발 먹습니다

찔레꽃

  산골 마을도서관 회원들은
  하얀 틀니를 끼고 오십니다

  오늘은 한글 기초를 배우는 김순덕 할머니가 지각하셨는데요 사유인즉, 세수 깨같이 하고 농협에 돈 삼만 원 찾으러 갔는디, 그동안 배운 이름 석 자 써먹을라고 펜대를 쓱- 잡았는디, 아, 글쎄! 손가락이 벌벌 떨리고 기가 콱 막혀서리, 그만 내 이름을 잊어뿌렸지 뭐야! 푸하하하

  도서관 바닥으로 하얀 틀니가 떨어지는 중입니다
  유리창 밖, 찔레꽃잎이 하얗게 흩날리는 중입니다
  자신의 이름도 모르는 산새들이 가갸거겨 지저귀는 중입니다

옥수수밭 가의 집

옥수수밭 가의 집은
옥수수밭을 벗었다 입었다 한다네

호미처럼 허리 굽은 할매의
난닝구가 빨랫줄에 걸려 있는 집

옥수수밭 가의 난닝구는
옥수수밭 가에 있어서 헐렁하다네

우수수 바람 부는 저녁엔

옥수수밭 가의 빨랫줄이
난닝구를 반으로

보름달도 반으로
접었다 펼쳤다 한다네

왕산 보건소

환자는
한두 명

왕산 보건소

고즈넉한
주차장에

자동차
두 대

한 대는 올림픽 마크 외제 차
한 대는 시어빠진 깍두기 같은 티코

직원도
한두 명

왕산 보건소

군의관인
어린 소장님과

늙고
찌그러진 간호사

봄날

3월 어느 봄날
허름한 시골집 마당에
살구꽃 필 듯 필 듯 마당에

할머니 한 분 서 계신다
평상에 걸터앉았다가 일어섰다가
민들레꽃까지 걸어갔다가
제비꽃까지 걸어왔다가

아장아장 걸음마 하는 아기 같다

아들은 노인정에 가고
며느리도 노인정에 가고
할머니는 103살

꼭 3살짜리 아기 같다
100년은 깜빡 잊어버리고
걸음마 걸음마 오시는 봄날 같다

산책

새의 창문이 열려 있는 시골길이다
새 밖을 지나다 기웃거리며 들여다보면
매화나무 한 그루가 내다본다, 누구세요?

내가 아무 말도 안 하고 지나가면
그도 아무 말도 안 하고 산책을 한다
긴— 목에 매화를 두르고 나는 새를 기웃거린다

제3부

눈

팩스가 오네요 하얀 종이

하얀 글씨로 오네요 당신이 보낸다고 전화는 했지만

발신자도 수신자도 읽을 수 없네요 하얀 글씨들

계속 내려오고 있어요 하얀 종이가

수북이 쌓이고 있어요 하실 말씀이

많은가 봐요 예 그러시겠죠 짐작할 수 있어요 그러나

문서화할 순 없네요 때로는

읽을 수 없는 게 좋지요 사람들 마음도

도시의 풍경들도 엑스레이 사진처럼

너무 분명하게 드러나 있었어요 사람들은

사람들을 더 자세히 보기 위해 안경을 썼고요 글씨들도

점점 진한 검은색으로 변하기 시작했지요

지난봄만 해도 연두색 글씨나 연분홍 글씨들이 있었잖아요?

우리들의 그 아름답던 생명도

여름이 지나고 가을이 지났으니 곧 백지가 되겠지요

하얀 글씨도 좋네요 하얀 종이

수신자도 발신자도 알 수 없고 제목도 내용도 알 수 없지만

유리창 밖으로 손을 내밀어 받을 순 있네요 금방
내 손바닥으로 스며드는 팩스, 잘 받았어요

겨울

바람이 도끼를 들고 와
유리창을 깼다 깨진 유리창들이 지저귀며
날아다녔다 맨발로

골목에 서 있던 가로등의 눈이 찔렸다
길 건너 최 안과는 문을 닫았고 밤새도록
하얀 피가 펄펄펄 흩날렸다

골목을 지나가던 풍경의
발목이 부러졌다 그런 날 밤에는 나도
나무들도 하얀 붕대를 감고
한 발짝도 움직이질 못했다

진달래꽃 2

 산골 도서관 앞뜰에 진달래꽃이 피었습니다 동화책을 빌리러 온 아이처럼 갸웃이 피었습니다 산모롱이 하얀 눈길을 걸어 온 아이처럼 볼이 발갛게 피었습니다 아이는 그림 동화책 한 권을 빌리고 까딱 고개 숙여 인사하고 하얀 눈 덮인 진달래꽃 속으로 총총히 걸어 들어갑니다 꽃잎의 발꿈치가 조금 녹았습니다

봄바람에는 조그만 페달이 달려 있다

꽃 이파리 하나가 가네

바람의 페달을 밟으며 가네

핸들을 놓아버린 손처럼 봄날이 가네

길 양옆으로 개나리가

노란 천막을 부풀리네, 자전거 대여점이 가네

'벚꽃 축제' 경포대 모퉁이가 가네

한 무리 꽃 이파리들을 내려놓고

천천히 봄을 빠져나가는 관광버스

뿌연 뒷유리창이 가네 '안녕'

낙서 같은 내가 가네 이 봄날에 가네

이렇게 봄바람이나 빌려 타고 북적이다

전등불 꺼진 집으로 돌아갈 분홍 옷

사람들 사이를 헤매며 가네 꽃 이파리 하나가

가네, 핸들도 없는 바람의 페달을 밟으며 가네

종달새나 울리며 가네

무궁화 꽃이 피었습니다

그대는 나무에게
귓속말할 게 있어 좋았다 하였네

"무궁화 꽃이 피었습니다"

나무를 두 팔로 꼭 끌어안고
눈을 감고
입술을 달싹이며
전할 말 있어 좋았다 하였네

그대에게로 뛰어가다가
탁, 멈춘 나무
한쪽 팔을 높이 치켜든 나무
한쪽 무릎을 구부린 나무
엉덩이를 삐죽 내민 나무
언제 그대가 영영 돌아섰을 때도
나는 그런 우스꽝스러운 자세로

한자리에 오래 서 있었다네

일시 정지된 사람은
점점점 나무가 되어가는 사람
나무의 이웃 사람
귀가 새 둥지만 한 사람이라네

귀를 여러 개 달고
종달새를 키우는 사람이라네

연꽃

누가 흙탕물 위에
영혼을 놓고 갔다

놓는다는 것은
누군가 다른 이에게 건네준다는 것

오래전 나도 누군가에게
내 영혼을 건네주었던 적이 있다

둘 데 없어 당신은
차마 버렸을 테지만

나는 영혼도 없는 사람이 되어
연못가나 거니는 사람이 되어

경포 습지 오솔길처럼
홀로 저물어 가는데

저, 저문 하늘에 누가
환한 달 하나 놓고 가네

집

사방이 물인
개울 한가운데
작은 돌 위에
왜가리 한 마리가 앉아 있다

길게 목을 빼고
돌의 창문 밖을 내다보고 있다
사방이 물인
늙은 왜가리의 거처

왜가리는 저 돌을 짓느라
바람과 흙과 구름을 물고
한곳으로 돌아왔을 것이다

돌아오고 돌아와서 돌이 되었을 것이다

한 왜가리가 날아간 방향으로
창을 내고

일평생 목이 길어졌을 것이다

사방이 물인
돌의 마당을 일궈
풀꽃 한 송이
가늘게 심어놓고

집 2

늘, 바깥으로 돌던 나를
집으로 불러들이는 건

맨 처음 떨어지는 빗날 몇 알이거나
저녁 어스름이었다

집은 나의 하루 성과에 대해 평가하거나
잔소리하지 않았다

그저, 찌그러진 양은 냄비 같은
자신의 심장을 덜그럭거리며 꺼내
가스레인지 위에 얹어주곤 하였다

나는 이 허름한 집도
가끔 배가 고프거나
누군가를 그리워하는구나 생각했다

몇 년 전에는

루사라는 이름의 태풍이 휩쓸려 와
우리 집 지붕 위로 119 구급 보트가 떠다녔다

노란 반달을 탄 사람들이
노를 저으며 기러기를 따라갔다

비가 그치자마자
붉은 태양이 사이렌을 울리며 달려와
혼자 남은 집을 인공호흡 하였는데

그때 나는, 이 쓰러져가는 야윈 집이
태양의 오래된 애인이라는 걸 처음 알았다

곶감

마당에 감나무 한 그루 있어

겨울 내내
처마 밑에 매달아 놓은 곶감 먹는다

하늘 쳐다보며 먹는다
아- 입 벌리고 해 하나 먹고
아- 입 벌리고 달 하나 먹는다

해의 씨앗이 씹히면 퉤! 뱉고
달의 씨앗이 씹히면 퉤! 뱉으며

요즘에는 씨 없는 수박도 있는데
덩치도 작은 감이 왜 이렇게 씨앗이 많아?
욕하며 곶감 먹는다

그해 가을은 열 명의 자식을 낳고 돌아가셨다
쭈글쭈글 마른 젖은

녹슨 처마 밑에 매달아 놓고 가셨다

씀바귀꽃

담장 그늘에 사는
씀바귀가 꽃을 피웠다

그 집
밥상 같은 그늘에
숟가락을 얹어놓은 듯 피었다

쌀알만 한 봄볕이
묻을 듯 말 듯 피었다

반지하 단칸방
씀바귀네 가족이
아침밥 먹는다

노랑 숟가락들이
달그락달그락 피었다

비

창문 밖에서 집들이
줄넘기를 시작하네
집 밖으로 걸어 나온 나무들이
줄넘기를 하네
나무였던 전봇대가 아직
줄넘기를 하네 전봇대 옆 티코가
줄넘기를 하네 검은 아스팔트
바닥으로 떨어진 별들이 맨발로
줄넘기를 하네 유리창이

시멘트벽에 치인 유리창이
하루 종일 줄넘기를 하네

개불알꽃

나는 유난히 햇볕을 좋아한다

햇볕 쨍쨍한 날에는
빨랫줄마다 소소한 빨래를 널어놓는다

나지막한 함석지붕 위까지
흰 구름이며 쿠션이며 베개를 얹어놓고

조약돌이나 사금파리에
햇볕을 문질러 시를 쓴다

아마, 나는 죽어서 한 백 년
낙락장송 거름이 될 때까지

캄캄한 땅속에서
지그시 기다리지는 못 할 것 같다

채 일 년도 버티지 못하고

햇볕 쬐러 바락바락 기어 올라올 것 같다

풀잎이나 되어 까불까불
까불 것 같다, 이번 生에서도 그랬듯이

나 보란 듯 해와 달 앞에서
개불알꽃이나 피우며 깝죽깝죽
으스댈까 봐 걱정이다

참, 걱정도 팔자다
요따위로 사는 게 뭐 어때서?

식단표

다소, 변경될 수 있어요

보리밥 시금치된장국 돼지고기두루치기, 수입산은 사용하지 않아요 국내산이 의무사항이니 안심하세요 간혹, 요리 이름이 뒤바뀔 때도 있지만 괜찮아요 돼지나 소나 단백질일 뿐이니까요 접시 위에선, 꿀꿀 거리거나 음매 거리지 않는 기본예의를 지키죠 살아 있을 땐 식사고 죽어 있을 땐 재료일 뿐인걸요 믿을 수 없다면 친환경 계약서를 보여 드릴까요? 돼지고기두루치기 차조밥 깍두기 코다리명태조림 수저와 식판은 각자 들고 오세요 밥은 왼쪽 국은 오른쪽 펄펄 끓는 삶은 오른쪽 조금 식은 죽음은 왼쪽, 방향을 바꾼다고 칼로리가 달라지진 않죠 깍두기는 왼쪽 콩자반은 오른쪽 콩자반을 주의하세요 저는 왼손잡이인데요? 인생이 어느 쪽으로 튈지는 아직 알 수 없다니까요 당신이 식사 중인지 재료 중인지는 순간 이동일 뿐이거든요 오늘 아침 산지에서 직송된 시금치입니다 눈을 시퍼렇게 뜨고 있는 채소는 소금물에 살짝, 데쳤어요 다소 비타민C가 파괴되었지만 당신과 내가 눈을 마주치는 일은 없어야 하지 않을까요?

꼭꼭 씹어 드세요 식사는 의무사항이고 설거지는 권장사항 입니다 삶이나 죽음도

　시장수급 사정에 따라 다소 변경될 수 있음

옥수수밭

대관령 기슭, 우리 마을은
상수원 구역이다

개발이 안 되는 곳이고
땅값도 오르지 않아
약아빠진 사람들은
살지 않는 곳인데

햇볕에 찌그러진 농가 몇 채뿐인데
집집마다 푸세식 화장실인데

상수원 구역이라고, 강릉시청에서
특별관리 한다 똥차가
자주자주 와서 말끔히 퍼간다

그리하여 집집마다
사람 똥은 금방 눈 몇 덩이밖에 없지만
옥수수밭 가에 소똥과 닭똥은

앞산보다 높다랗게 쌓아놓고 산다

사람들보다 옥수수밭이 떵떵거리며 산다

적막

산그늘도 오래 사귀면
정이 들어서

마루에 걸터앉아

아무 말 아니하고
나하고 단둘이 마루에 걸터앉아

새소리나 듣지요

바람 소리나 듣지요

산그늘에서 나는 더덕 향기나 맡지요

적막도 오래 사귀면
정이 들어서

이젠 그만 헤어지자

말 못 하고 살지요

들국화

빈손이다
활짝 펼친 손이다

손은 고요하고
가을바람은 한가롭다

기러기가 놓고 간
빈 가방 같은 집

허름한 시골집 뜨락에서
누가

빈손을 가만히
펼쳐보고 있다

제4부

별

  유리창에못을박는밤 사람들이펄럭이는밤 해변길이말라비틀어지는밤 문어대가리호박이달팽이집을잡아먹고나자빠지는밤 해당화목덜미에서비린내가콸콸나는밤 갈매기들이잠들지않는밤 한쪽눈까진밤 파도가전봇대나덕장에쥐어박히는밤 툭튀어나온못대가리같이생긴밤 배우지못했거나못생긴대가리들은꽁치나사람이나다같은밤 망치보다단단해지는밤 삶으로때리면때릴수록빛이나는밤 별한알스위치켜헛바닥에올려놓는밤

  그런 날 밤에는 은멸치 떼가 몰려와
  우리 집 유리창 가득 못을 박고 있었다

무료 탈의실

아침에 배달된 종이상자를 열자
바다가 걸어 나왔다 푸른 선글라스를 쓰고
있다 바다를 바라보는 바다들이
해변에 비스듬히 앉아 있다 김밥은
벌써 피부가 검게 그을었고 사이다가
간간이 하얗게 폭발했다 햇빛이

무료 탈의실에서 걸어 나왔을 때 나는 그만
오늘 배달된 하루를 엎질렀다

인어

외딸고
외딴 섬 하나 있었어요

푸른 머릿결처럼
파도가 찰랑거리는 섬이었죠

그 섬에
정부가 추진한 벽지개발 사업으로
다리가 놓였어요

시멘트와 철근으로
다리가 놓였어요

인어공주에게
의족 다리를 만들어 주었다고

국무총리, 도지사, 국회의원이 모여
마이크 앞에서 떠들고 있어요

그 섬의 주민인
조개랑 거북이랑 가자미는

태어나서 처음으로
회색빛 플라스틱 의자가 되었어요

갈매기들의 단골집

동해 바닷가에 가면
갈매기들의 단골집이 있다네

손가락이 긴 카페 여주인이
바닷물을 퍼다 판다네

세상의 파도가 그러하듯

어느 바다도 옮길 수 있지만
아무 바다도 옮길 수 없어

나는 다시 고향으로 돌아와
갈매기와 춤을 춘다네

내 고향 동해 바닷가에는
외상장부 같은 해당화 핀다네

해당화 엎질러진 오늘 밤엔

붉은 입술 카페 여주인이

끼룩끼룩 울며
보름달을 퍼 나르네

그게 바다입니까?

하얀 두부 먹고
푸른 경포 바닷가 산책할 때

서울에서 온 시인이
내게 물었다

파도가 해변 도로까지 옵니까?
그러믄요

파도가 해변 마을까지도 옵니까?
그러믄요

사람 사는 건물이 있는데
어떻게 올 수 있습니까?

파도가 건물인지 섬인지 구별하면
그게 바다입니까?

돈 한 푼 없이
바다의 주인이 되었던

집문서 같은 봄날이었다

해변 길

지체장애인들이 걸어가고 있습니다

휠체어를 탄 사람과 목발 짚은 사람이 몸을 비틀며 걷는 사람과 잇몸을 드러내고 웃는 사람이 입속에서 갈매기가 튀어나오는 사람과 해당화를 머리에 꽂은 사람이

지느러미 번들거리는 푸른색 승용차 한 마리를 만나자 비틀비틀 멈추어 섭니다 앞으로 나아가지도 뒤로 비켜서지도 못합니다 빼빼 마른 해변길이

하루에도 몇 번씩 파도에 치입니다

갈매기들

카페가해변으로갔다비내리는날

커피자판기포장마차미니수퍼당
구장여인숙횟집노래방도우산을
쓰고해변으로갔다그중에한마리
빨간장화를신은안목횟집은뒤돌
아앉아시퍼렇게파도를갈고있다

카페라테

섬이
작은 문을 내고
카페가 되었다 저녁 무렵
한 시인이 찾아와
밤바다 한 잔을 주문했다 섬이

동그란 커피잔에
캐러멜 소스 두 스푼과
에스프레소 한 잔을 넣었다
그리고 우유 120mL와
하얀 파도 거품을 얹어 내었다 수평선이

롱 스푼으로 바다 섞는 걸 잊어버려

그 시인이 돌아간 후에도
밤바다에는
초승달과 해변과 갈매기들이 녹지 않았다

소금공장

11월 11일 흐림
오늘은 갈매기들이 자전거를 타고 갔습니다
일렬로 줄을 지어
소금공장으로 갔습니다 모두
회색빛 잠바를 입고 있었습니다

11월 12일 흐림
오늘도 갈매기들이 자전거를 타고 갔습니다
일렬로 줄을 지어
소금공장으로 갔습니다 모두
빨간 장화를 신고 있었습니다

11월 13일 비
오늘도 갈매기들이 자전거를 타고 갔습니다
일렬로 줄을 지어
소금공장으로 갔습니다 마을 풍경이
끼룩끼룩 따라갔습니다

해변에서의 식사

식탁이 행진한다

식탁 위에 둥근 접시를 얹어 놓을 때
태양이 튀어나온다

해당화들이 회전하기 시작한다

빠르게 해동된 물고기가 느리게 유턴하고 있다

갈매기는 물고기의 행진을 따라가고
카페는 갈매기 대열에 끼어 있다

창문에 턱을 괴고, 조용히
해변을 응시한다 나는

어느 행진에서 튀어나온 섬일까? 하얀 장갑이

구름을 벗어 식탁 위에 펼쳐 놓을 때

빨간 나비넥타이를 맨 고양이를 안고
아침이, 수평선 위로 사뿐히 걸어온다

주문진

그 마을에서는, 파도가 슬리퍼를 신고

해변을 어슬렁거렸다 어두워지면

붉은 알약을 삼킨 집들이 입을 다물고

꼼짝도 하지 않았다 늙은 골목길이

쓰레기통 툭 불거진 잔등을 구부린 채

야윈 집들을 껴안고 잤다 내가 버린

바다 혼자, 해변에 웅크리고 앉아 휘파람을 불었다

해당화

수평선이 파도에 휩쓸려 넘어졌습니다
마을 풍경이 중상을 입었습니다
아침 바다가 깁스를 하고 분홍 치마를 입었습니다
해변이 꽃게와 집게를 들고 와 청소를 하였습니다
목발 짚은 저녁이 마을 골목길을 산책하였습니다
플라스틱 양동이에 피어 있는 여자

향기를 맡았습니다 마른 미역 줄기 같은
목덜미에서 비린내가 났습니다 안목마을이
덥석, 내 목덜미를 잡았습니다

성냥

카페를 바다 위에 띄워 놓았죠
지느러미 달린 찻잔들이 헤엄쳐 다니고요
나는 주전자처럼 뜨거워졌어요
오늘은 너무 많은 햇빛을 만났어요
어서 오세요! 랩스커트를 입은 해변이 말했죠
나는 활활 타오르는 소파이고요
해당화는 방금 외계에서 도착했답니다
파도는 무한대로 자유로워지는데
하얀 돛대를 단 고래가 남태평양으로 떠나는데

당신과 나는 갈매기 바깥쪽에 있어요

이 지방에선 담배를 피울 때
라이터를 쓰지 않죠 햇빛에 스윽— 그으세요
나는 성냥불이 되어 당신을 태우겠어요
활어 횟집 옆에 바짝 붙어 있는 커피 자판기처럼
종일 80도 이상의 사랑을 따라 내겠어요
당신은 나를 홀홀 불며 마시고 종이컵처럼 버리겠죠

그러면 나는 갈매기가 되어 날아가겠어요

오늘 밤엔 여인숙이 되었다가

내일 아침엔 추잉껌이 되겠어요

피카소

작업실 벽은 온통 선반으로 되어 있네
선반 위에는 수백 개의 스탠드 거울이
서 있네 거울들은 제각기 다른 방향으로
서 있네 나는 거울 안과 밖에
서 있네 나의 시선은

제각기 다른 방향을 보고 있네 나의 얼굴들은
거울마다 다른 모습을 하고 있네
어떤 거울 속의 나는 외눈박이고
어떤 거울 속의 나는 귀가 잘려나갔고
그런 나를 바라보는 무표정한 나도 있네

거울 밖의 내가 움직이자
거울 속의 나도 일제히 움직이네
제각기 다른 방향으로 움직이네
작업실 안에서 바라보는 현대극장 앞 건널목
어긋나는 얼굴들이네 나는

다른 얼굴들과 섞여 버리네

거울 밖의 외로운 나를 무시하고
선반 위로 수백 개의 얼굴이
지나가네 얼굴들은 제각기 다른 방향으로
지나가네 나는 오늘도 거울 속에서
지나가는 내 얼굴들을 꺼내 이리저리 조립해 보지만
도무지 시선이 일치하질 않네

유금옥의 시세계

봄의 시인, 활발발함으로 빛나다

이홍섭

유금옥의 시세계

봄의 시인, 활발발함으로 빛나다

이홍섭

(시인 · 문학평론가)

1. 활발발

유금옥 시인의 첫 시집은 어디를 펼쳐보아도 활발발합니다. "더없이 활발하다"는 뜻을 지닌 형용사 '활발발하다'의 어근인 '활발발活潑潑'은 그 자체로 의태어입니다. '물 튀길 발(潑)'자가 이를 생생하게 증명해줍니다. 원래 이 말은 물고기가 급류를 헤치고 폭포를 뛰어 오르는 것을 표현할 때 사용하였다고 합니다. '발'자는 이때 물고기가 튀기는 물방울을 뜻합니다.

  유금옥의 시들도 마치 물고기가 급류를 헤치며 폭포를 뛰어 오르는 듯하고, 숱한 물방울들이 튀겨져 나와 햇빛에 반사되어 반짝이는 듯합니다. 관념이 승하면 죽은 언어들이 난무하게 되지만, 유금옥의 시들은 매순간 순간의 감각과 구체에 집중하고 있기 때문에 살아 있는 활구活句들로 푸드덕거립니다. 또한 시인의 상상력은 맑고 투명하여 차별과 편견을 일거에 초월하고, 주된 수사법으로 구사되는 활유법과 의인법은 무정물과 유정물의 경계를 허물며 자연에 대한 새로운 시각과 경이를 선사합니다. 이러한 구체성과 상상력, 그리고 수사법 등이 어우러져 활발발한 시들이 뿜어져 나오는 것입니다. 아래 시는 이를 명징하게 보여줍니다.

    마당가에 냉이꽃이 피었습니다
    냉이꽃 저만치 조그만 돌멩이가 있습니다

    돌멩이는 담장 그늘이 외로워서
    냉이꽃 곁으로 조금씩 조금씩 굴러오는 중입니다

    종달새도 텅 빈 하늘이 외로워서
    자꾸 땅으로 내려오는데

> 그것도 모르는 냉이꽃이
>
> 냉이꽃이 종달새를 던지는 봄날입니다
>
> ─「냉이꽃」전문

  이 작품은 한 편의 짧은 애니메이션을 보는 듯합니다. 등장하는 배우는 냉이꽃, 돌멩이, 종달새 등 셋입니다. 이중 돌멩이와 냉이꽃은 무정물無情物이고, 종달새만 감각을 지닌 유정물有情物입니다. 그런데 이 시에서는 이러한 구분이 무의미해 보입니다. 시인이 너무나 자연스럽게 이들 사이의 분별을 지워버렸기 때문입니다. 돌멩이도, 종달새도 그냥 똑같이 외로움을 타는 존재들입니다. 마지막 연에 이르러, "냉이꽃이 종달새를 던지는" 돌연한 표현이 가능한 것은, 앞에서 이미 돌멩이가 활유되고 의인화되었기 때문입니다.

  무정물을 감정이 있는 유정물처럼 표현하는 활유법活喩法은 시에 생동감을 불어넣어주면서 동시에 시의 서정성에 깊이를 더해줍니다. 자연스럽게 활유법이 구사된다는 것은, 그만큼 시인의 상상력이 맑고 투명하다는 것을 의미합니다.

  이 작품은 마지막 연의 표현을 얻지 못했다면 그냥 평범한 시에 머물고 말았을 것입니다. 시인의 맑고 투명한 상상력이 마침내 "냉이꽃이 종달새를 던지는 봄날"이라는 표현을 얻어냄으로써 이 작품은 돌연 평범함을 뛰어넘는 비범함을 획득하게 됩니다. 한 편의 작은 그림에 머물고 말았을 이 시는, 이 표현을 얻음으로서 생동감 넘치는 애니메이션 같은 작품으로 도약하게 되었습니다. 맑고 투명한 상상력이 이를 추동한 것입니다.

2. 봄의 시인

총 4부로 묶인 이번 시집은 공간적 배경을 중심으로 크게 두 부분으로 나누어 살펴볼 수 있습니다. 한 부분은 "대관령 산비탈 작은 오두막"(「춘설」)과 "쓰러져가는 야윈 집"(「집 2」)을 중심으로 전개되는 1, 2, 3부이고, 다른 한 부분은 '바다'를 배경으로 펼쳐지는 4부입니다. 시에 나타난 시간적 추이로 보면, 시집의 앞부분에 실린 시들이 근래에 쓰인 시들로 여겨집니다.

'바다'를 배경으로 한 4부의 시들에서 시에 등장하는 주인공은 갈매기와 해당화, 그리고 카페 여주인입니다. 그러나 이들은 앞의 시와 달리 각자 뭔가 부족한 채로 서로 섞이지 못합니다.

> 동해 바닷가에 가면
> 갈매기들의 단골집이 있다네
>
> 손가락이 긴 카페 여주인이

바닷물을 퍼다 판다네

세상의 파도가 그러하듯

어느 바다도 옮길 수 있지만
아무 바다도 옮길 수 없어

나는 다시 고향으로 돌아와
갈매기와 춤을 춘다네

내 고향 동해 바닷가에는
외상장부 같은 해당화 핀다네

해당화 엎질러진 오늘 밤엔
붉은 입술 카페 여주인이

끼룩끼룩 울며
보름달을 퍼 나르네
　　　　　　　　　　—「갈매기들의 단골집」 전문

　이 작품에서 갈매기와 해당화와 카페 여주인은 하나로 섞이지 못합니다. 물론 갈매기와 카페 여주인이 춤을 추고 울음을 공유하기는 하지만 뭔가 자연스러움이 부족해 보입니다.

그러나 이러한 아쉬움은 "대관령 산비탈 작은 오두막"(「춘설」)으로 공간이 바뀌면서 확연히 해소됩니다. 마치 물 만난 고기처럼 시인의 맑고 투명한 상상력이 빛을 발합니다. 이러한 상상력은 "지상의 모든 발자국에는 門이 달려 있다"(「구름의 행로」), "내가 공을 던지면 공도 나를 던진다"(「공」)라는 구절에서 알 수 있듯이, 삶의 자유와 관계성, 그리고 존재에 대한 보다 적극적인 각성에서 우러나온 것이라 큰 탄력을 받습니다. 1, 2, 3부의 시들이 그러합니다.

앞에서 인용한 「냉이꽃」처럼 봄을 노래한 시들이 대표적입니다. 시인은 즐겨 봄을 노래합니다. 「봄」 「봄 2」 「봄날」 「봄바람에는 조그만 페달이 달려 있다」 등 '봄'이 제목으로 들어간 시들은 물론이고, 「살구나무」 「살구나무 2」 「냉이꽃」 「배꽃」 「찔레꽃」 「진달래꽃」 「개불알꽃」 「씀바귀꽃」 등 꽃을 비롯한 식물을 노래한 시들도 예외 없이 '봄의 노래'에 동참합니다. 그런 면에서 유금옥은 천상 '봄의 시인'이라 할 수 있습니다.

'봄'은 앞서 살펴보았듯, 시인의 상상력을 추동할 뿐만이 아니라 자연에 대한 경이와 더불어 '살아 있음'을 느끼게 해주는 계절입니다. 시인은 봄과 더불어 겨울을 노래하기도 하지만, 그 겨울은 "어떻게든 봄으로 귀환"(「폭설」)하고 싶은 열망을 불러일으키는 계절에 머뭅니다. '봄'을 노래한 시들은 많지만,

한 시집에서 이처럼 전면적으로 봄을 내세우는 경우는 극히 예외적이라 할 수 있습니다. 시인에게 봄은 '살아 있음' 그 자체입니다. 아래 시는 시인에게 봄이 어떤 의미를 지니고 있는지를 "환하게" 보여줍니다.

  성냥개비처럼 마른 오빠가
  손바닥에 동백꽃을 한 움큼 토해 놓고 죽었다
  봄이었다

  꽃들이 마구 전염되고 있었다 마을 사람들이 날려 다니며 뒤섞이며 웅성거리며 도망치는 봄이었다 하얀 마스크를 쓴 구름이 소독차를 몰고 지나다니는 골목, 둘째야! 양지상점에 가서 외상으로 담배 한 갑 사오너라 아버지가 개나리 진달래 피우는 봄

  외상 장부같이 귀퉁이가 너덜너덜한 골목 우리 집은 나뭇가지 끝에 매달려 있었다 꽃잎들 기침 소리가 들리고 꽃술이 붉은 꽃잎에선 비린내가 났지만 어린나무들은 마스크를 하지 않았다 그다음 해 봄에도

  키 작은 동백나무 등 굽은 살구나무, 복숭아나무들이 차례로 전염되었고 자주 흰 구름이 들려 종달새를 풀어놓던, 종달

새가 물어 온 양지쪽이 그늘을 전염시키던, 환하게 오빠가 사그라지던

봄, 성냥곽 같은 창문을 그으며 지나가고 있다

성냥개비는 가늘지만 뜨거웠고
동백꽃이 지나간 자리에선
한동안 화약 냄새가 났다

—「봄」 전문

  이 시에서 봄은 "성냥개비처럼 마른 오빠"가 죽은 계절이지만, 단지 '죽음' 그 자체에만 머물지 않습니다. 그것은 "외상장부같이 귀퉁이가 너덜너덜한 골목"의 가난과 "나뭇가지 끝에 매달려 있는" 위태로움을 환기시키지만, 오빠가 죽기 전 손바닥에 토해놓은 한 움큼 동백꽃은 동네의 꽃들을 마구 '전염'시키며 번져갑니다. 시인은 이 속에서 "화약 냄새"를 맡으며 성냥개비로 비유되는 "가늘지만 뜨거웠"던 오빠의 생을 환기합니다.
  이 시는 시인에게 봄이 어떤 의미와 가치를 지닌 계절인가를 탐구하게 만듭니다. 시인은 단순히 봄의 외양을 찬탄하는 것이 아니라 봄이 내장한 삶과 죽음의 변주와, 이를 뚫고 솟아나는 생명의 강렬함을 노래합니다. 이는 시인이 표현한 겨울

이미지와 확연히 대비됩니다.

>   눈부시게 하얀 지구에
>   홀로 착륙한 우주인처럼 외로워
>
>   나는 낯선 사내에게
>   살려달라고 사정했다
>
>   어떻게든 봄으로 귀환해서
>   사람들 환호도 받고
>   티브이에도 나오고 싶었기 때문이다
>   ―「폭설」부분

>   아버지가 막노동 나가실 때마다
>   검정 작업복 입은 겨울 새벽이 마당에 서 있었다
>
>   깡깡 언 밥풀 몇 알이
>   샛별처럼 반짝거리고 있었다 어쩌자고
>
>   보름달만 한 빈 사발이
>   함석지붕 꼭대기까지 기어 올라가 있었다

봄이 와도 국숫발 같은

전깃줄이 우리 집의 멱살을 쥐고 놓아주지 않았다

—「밥」 전문

  시 「폭설」의 앞부분에서 시인은 자신의 삶을 "늘, 겨울 산행 같았던 내 삶"이라고 정의했습니다. 시인은 이 겨울 산행을 넘어 "봄으로 귀환"하고자 애를 씁니다. 시인은 그 이유를 "사람들 환호도 받고/ 티브이에도 나오고 싶었기 때문"이라고 희화적으로 그리고 있지만, 앞에서 표현된 절절한 구절들이 이를 단지 희화적으로만 느끼게 하지 않습니다. 시인이 시가 너무 무거워질까봐 '살짝' 들어 올렸다는 걸 알 수 있습니다. 이 시는 시인에게 봄이 생명 그 자체, 살아 있음 그 자체를 의미한다는 것을 증명해줍니다. 시 「밥」은 앞에서 인용한 작품 「봄」처럼 어린 시절의 가난을 배경으로 하고 있습니다. 이 시에서 겨울은 고단하고 가난한 삶 그 자체입니다. "아버지가 막노동 나가실 때마다/ 검정 작업복 입은 겨울 새벽이 마당에 서 있었다"라는 구절이 이를 입증합니다.

  시인에게 봄은 '햇빛', '햇살', '햇볕' 등과 동의어입니다. 위의 시에 나오는 "검정 작업복"이나 "캄캄한 땅속"(「개불알꽃」)에서처럼, 이들의 반대편에는 검고 캄캄한 것들이 있습니다. 그것은 가난과 죽음을 뜻합니다. 햇빛, 햇살, 햇볕이 풍요로움과 살아 있음의 증거라는 것을 알 수 있습니다. 다음과 같은 구절들이 이를 잘 보여줍니다. "'햇살 꽃방' 정말 그날부터 햇빛들이 자전거 페달을 쌩쌩 밟았다니까요"(「가게 세줍니다」), "노란 나비들이// 마구 태어났어요 햇빛들이/ 경광등을 켜고 달려오는 골목길이에요"(「봄 2」) "오늘은 새하얀 구름 모자를 썼고요 따뜻한 햇살 도시락을 쌌죠 허공으로 소풍 갈 거에요 나는 살아 있으니까요, 보세요!"(「살구나무 2」), "나는 유난히 햇볕을 좋아한다// 햇볕 쨍쨍한 날에는/ 빨랫줄마다 소소한 빨래를 널어놓는다"(「개불알꽃」). 이들은 곳곳에 등장하여 시에 생동감을 불어넣는 역할을 충실히 해냅니다. 하여, 시인이 자신의 시쓰기를 두고 "조약돌이나 사금파리에/ 햇볕을 문질러 시를 쓴다"라고 표현하는 것은 참으로 자연스럽게 느껴집니다.

3. 종달새의 노래

햇빛, 햇살, 햇볕 등과 함께 눈여겨봐야 할 존재는 '종달새'입니다. 앞에서 인용한 시 「냉이꽃」과 「봄」에도 공통적으로 등장하는 '종달새'는 '봄의 노래'를 표상하는 존재입니다. 「냉이꽃」에서처럼 종달새는 "텅 빈 하늘이 외로워서/ 자꾸 땅으로 내려오는" 존재이기도 하고, 양지를 물어와 "그늘을 전염"(「봄」)시키는 존재이기도 합니다. 아래의 인용 부분들은 시인에게 종달새가 어떤 존재인지를 잘 보여줍니다.

수저를 가지고 오지 않아

산수유 나뭇가지로 젓가락을 만들어 먹었다

젓가락 끝에 앉아 종달새가 지저귀는 봄날

네 발로 엎드려 흐르는 개울물을 마셨다
─「반달곰」 부분

이렇게 봄바람이나 빌려 타고 북적이다

전등불 꺼진 집으로 돌아갈 분홍 옷

사람들 사이를 헤매며 가네 꽃 이파리 하나가

가네, 핸들도 없는 바람의 페달을 밟으며 가네

종달새나 울리며 가네
─「봄바람에는 조그만 페달이 달려 있다」 부분

한자리에 오래 서 있었다네

일시 정지된 사람은

　　　점점점 나무가 되어가는 사람

　　　나무의 이웃 사람

　　　귀가 새 둥지만 한 사람이라네

　　　귀를 여러 개 달고

　　　종달새를 키우는 사람이라네

　　　　　　―「무궁화 꽃이 피었습니다」 부분

　자연과 하나로 동화되어가는 것을 노래한 시 「반달곰」에서 종달새는 '봄날' 그 자체입니다. "젓가락 끝에 앉아 종달새가 지저귀는 봄날"은 자유롭고, 평화롭기 그지없습니다. 두 번째 시 「봄바람에는 조그만 페달이 달려 있다」에서 종달새는 "봄바람이나 빌려 타고 북적이다/ 전등불 꺼진 집으로 돌아갈 분홍 옷"을 위무해주는 존재입니다. 쓸쓸하고 덧없는 생을 함께 하는 동반자 같은 존재로 그려지고 있습니다. 시 「무궁화 꽃이 피었습니다」에서 종달새는 "그대에게로 뛰어가다가/ 탁, 멈춘 나무"가 키우는 새입니다. 그리움과 비애를 함께 지닌 존재입니다. 이처럼 종달새는 다채롭게 변주됩니다. 봄 그 자체가 되어 봄의 율동이자 봄의 자유를 표상하기도 하고, 쓸쓸하고 덧없는 생의 동반자로 등장하기도 합니다. 또한 그리움과 비애의 상징으로 나타나기도 합니다. 이처럼 봄의 한가운

데서 "종달새나 울리며" 가는 삶은 다음과 같은 절창을 낳습니다.

> 이 봄을 몇 번 맞이하고
> 저 봄으로 갈까 세어보다가
> 웃었다 배꽃처럼
>
> 나뭇가지에 매달려
> 하얗게 웃었다
>
> 배나무 아래 돌멩이도
> 배꽃만 한 입을 벌리고
> 웃었다 아픈 이 세상도 참 좋았다고
>
> 배꽃하고 나하고 돌멩이하고
> 셋이 웃었다 햇살 좋은 봄날
>
> 어느 상처 많은 이가
> 배나무 아래서 쉬어 갈 때
> 돌멩이나 만질 때
>
> 위로가 되라며

따뜻해진 돌멩이가

웃었다 햇살 좋은 봄날

햇살 좋은 봄날을 만지다가

배꽃하고 나하고 돌멩이하고

셋이 웃었다

―「배꽃」전문

  이 작품에도 앞에서 본 시「냉이꽃」과 같이 등장하는 주인공이 배꽃, 나, 돌멩이 등 셋입니다. 이들은 아무런 차별 없이 웃고, 만지는 동사動詞 위에서 함께 뒹굽니다. 시인은 이를 통해 "햇살 좋은 봄날"에 감지되는 삶의 아픔과 유한성을 투명하게 비추면서 동시에 이를 위무합니다. 하나는 외롭고, 둘은 상대적이지만, 셋은 이러한 분별을 뛰어넘습니다. 시인은 세 개의 존재를 배치하면서 대상간의 경계를 무화시켜 버립니다. 무정물과 유정물의 경계가 없어지면서 사물들은 돌연 생기를 띄고, 봄날은 생동감으로 충만해집니다. "따뜻해진 돌멩이"는 이를 표상합니다.

  위에 인용한 시들에서 또한 눈에 띄는 것은, 시에 등장하는 소재들이 하나같이 '작은 것'들이라는 점입니다. 냉이꽃, 돌멩이, 종달새, 키 작은 동백나무, 등 굽은 살구나무 등의 소재들이 그러하고, "마당 가"(「냉이꽃」), "성냥곽 같은 창문"(「봄」), "배나무 아래"(「배꽃」) 등의 공간들이 그러합니다. 그런 면에서 시인은 작은 것을 통해 큰 것을 말하는, 모래알 속에서 우주를 보는 시의 장르적 속성을 충실히, 성공적으로 구현하고 있다고 할 수 있습니다.

유금옥의 시들은 우리의 삶에서 중요한 것은 '살아 있음' 그 자체라는 것을 가르쳐줍니다. 그것은 먼 데 있는 것이 아니라 내 가까운 곳에 있고, 큰 것이 아니라 작은 것을 통해 충분히 느낄 수 있다고 말합니다. 시인은 인간과 자연의 경계를 허물고, 관념과 편견을 초월하면서 이 '살아 있음'의 아름다움을 증명해냅니다. 도에 이른 사람은 뒷짐 지고 서 있지 않고, 삶을 지금 이곳에서 활발발하게 살아낸다고 합니다. 활발발함으로 빛나는 이 시집이 이를 잘 보여줍니다.

| 유금옥 |

강원도 강릉 출생
2004년 『현대시학』으로 등단
2011년 『조선일보』 신춘문예 동시 당선
동시집 『전교생이 열 명』이 있음

이메일 : xmfjr@hanmail.net

줄무늬 바지를 입은 하느님 ⓒ 유금옥 2017

초판 인쇄 · 2017년 12월 25일
초판 발행 · 2017년 12월 31일

지은이 · 유금옥
펴낸이 · 이선희
펴낸곳 · 한국문연

서울 서대문구 증가로 31길 39, 202호
출판등록 1988년 3월 3일 제3-188호
대표전화 302-2717 | 팩스 · 6442-6053
디지털 현대시 www.koreapoem.co.kr
이메일 koreapoem@hanmail.net

ISBN 978-89-6104-195-9 03810

값 9,000원

* 잘못된 책은 바꾸어 드립니다.

"이 책은 강원도, 강원문화재단 후원으로 발간되었음."
당신이 평창입니다. It's you, PyeongChang

이 도서의 국립중앙도서관 출판시도서목록(CIP)은 서지정보유통지원시스템 홈페이지(http://seoji.nl.go.kr)
와 국가자료공동목록시스템(http://www.nl.go.kr/kolisnet)에서 이용하실 수 있습니다.
(CIP제어번호: CIP2017032596)